Min Röst

Getahun Yacob Abraham

oktober, 2018

Förord

Med ojämna mellanrum har jag publicerat mina dikter, en samling 2005, en annan med texter på förutom svenska även amhariska och engelska 2010 och en tredje 2016. Mina dikter är lästa av nära och kära och andra läsare genom dem. Jag har fått positiv "feedback" och uppmuntran.

Dikterna har sitt ursprung i mina känslor, tankar och upplevelser. Kommunikation med släkt, vänner, kollegor och andra har gett näring till diktandet och dikterna.

Dikterna skriver jag och lämnar till andra att läsa, tolka och uppleva. Flera läsare har fått sina egna favoriter. Jag hoppas att du också får någon dikt att tycka om.

Författaren

Göteborg, 2018-10-05

Förlag: BoD – Books on Demand, Stockholm, Sverige
Tryck: BoD – Books on Demand, Norderstedt, Tyskland
ISBN: 978-91-7785-505-7

Innehållsförteckning

Del 1 Tankar och känslor med ord, Liten Diktsamling

Han orkar inte
Ge ett barn vad det behöver
En annan värld
En ovanlig bok
Oro i affären
Tsunami

Del 2 Blandad

Nedtrampad!
Peddan till Paddan!
Azaleadalen
På väg till en konferens!
"Vad gör du i Pedagogen?"
Hej doktoranden!
Kollegienomad eller flitigt bi?
"Smörgåsvakt"
"Vi gör det i morgon!"
"One of the locals"
Är det viktigt?
När duger man?
Längtan och väntan!

Del 3 GNÄLL –och lite annat

Han är "den ende"
Makten
Jag gav mig iväg!
Spel för galleriet!
Du och jag/vi och de
Det goda livet!
Missbruk

Del 1

Tankar och känslor
med
ord

Liten Diktsamling

2005

Maj!

Hej på dig maj!
jag står mellan hägg och syren
jag är som många andra i den sköna månaden.
Det är sol, det är ju kul!
Det är grönt, det är ju fint!
Det blommar, vad gott jag mår!
Du sköna maj kom år efter år
kom med gröna kläder för träd och ängar
till oss kom med solens värme och fina blommor!
Kom maj!

2004-05-17

Det är kallt utanför!

Jag fryser det är kallt ute
det är vinter här
jag har inga varma kläder
jag har inget tak överhuvudet.

Inga kläder på kroppen
inga skor på fötterna
ingen filt för nätterna.

Du kanske kan släppa mig in
in till ditt
där det finns ljus
där det är varmt
där det finns gott om allt
inte minst tak över huvudet
mat
kläder mot det kalla vädret.

Det blåser! Det är kallt utanför
jag knackar, öppna din dörr.
Öppna! Öppna! jag knackar
låt mig inte frysa utanför din dörr!
det är ju riktigt kallt utanför!

2004-05-17

Jag hyllar dig!

Tillåt mig att hylla dig min vän.

Du som är glad att se mig
Du som är där för att hjälpa till
Du som är där som vill bli hjälpt
Du som vågar visa din styrka
                        din svaghet
                        din sorg
                        din glädje
jag hyllar dig!

Jag hyllar dig,
inte bara för att du är klok
inte bara för att du är generös
inte bara för att du är glad
inte bara för att du är stark
inte bara…
jag hyllar dig för din betydelse för mig
jag hyllar dig för att Du är den Du är!
jag hyllar dig min vän!

2004-05-17

Jag mår!

Jag är inte känslolös,
ibland blir jag glad
ibland blir jag som eld
har jag hjärta också för sorg
jag mår!
jag mår bra,
jag mår dåligt,
men jag mår olika - som alla andra.

2004-05-17

Mina somrar

På sommaren
jag är inte den vanliga jag.

Lätt klädd
gott humör
observant
avslappnad
"fritänkande"
livsnjutande
byresenär
kulturkonsument
blir jag en annan jag helt enkelt.

Ibland
liten trädgårdsmästare
liten snickare
liten målare
litet av allt
egentligen gott.

2004-05-17

I Dalarna i Hjortnäs

Jag läser
jag vandrar
jag upplever natur
jag luktar
jag sorterar
lär mig om blommor.

Jag går i skogen
promenerar på ängar
badar i sjöar.

Jag badar nu mest i Siljan
som ligger nära härbret
även så nära hjärtat.

Jag umgås med släkt och vänner
vi hälsar på, pratar och ibland vi festar.

När sommarsemestern tar slut
vi samlar ihop bord, bänkar och stolar
vi packar våra bilar
till gårdsfolket vi vinkar,
sedan kör vi åt vårt håll
att börja med hösten på allvar.
Redan då längtar vi till gårdagen
till glädjen vi hade i somras
i Dalarna uppe i Hjortnäs.

2004-05-17

Jag struntar i det!

Jag bryr mig inte om
om du är brun
även om du är grön
om du är gul
det spelar mig ingen roll.

Inte heller om du är svart
eller vit.

Din färg ditt utseende
säger mig ingenting
om du är skicklig
eller ärlig
eller trevlig.

Det säger mig ingenting
om du är okunnig
eller tråkig
eller otrevlig.

Det säger mig ingenting

Ditt bemötande
dina värderingar
dina åsikter säger mer.
Inte utseendet
jag struntar helt enkelt i det!

2004-05-18

Jag vill vandra!

Jag vill vandra inom mig
ned i dalarna
upp i backarna.

Inom mig jag vill vandra
gå in i skogarna
komma ut på ängarna.

Jag vill gå upp i utsiktstornen
titta på sjöar
byar och gårdar
djur i betesmark
getter
får
kor hästar
och andra djur.

På nedvägen vill jag
vandra till min trädgård
att kolla läget
för mina blommor.
vilka det är som blommar
vilka det är som vissnar.

Jag vill vattna särskilt
dem som heter kärlek och medmänsklighet
de som kallas för generositet och kreativitet
och en del annat som är viktigt.
Jag vill! Jag vill vandra inom mig

att hälsa på jaget som jag känner
att upptäcka något nytt
när det händer.
Jag vill vandra inom mig!

2004-05-20

På Mariebergskyrkogården

En solig vårdag
satt jag på Mariebergkyrkogården
på bänken till höger om porten.

Jag satt och funderade över de döda
"vad heter ni f.d levande?
hur gamla har ni varit?
jag undrar hur ni hade?
Vad ni har sysslat med i livet?

Hör ni säg något!
har ni haft trevligt?
        eller tråkigt?
har ni varit glada och nöjda?
eller haft tufft och eländigt?
har ni varit omtyckta?
            eller avskydda?
har ni varit flitiga?
            eller lata?
jag tror ni har haft det olika.

Förresten, jag kom på en fråga till
är ni alla svenskar?
eller finns någon invandrare som jag?
nej strunta i den dumma frågan
alla är ju nästan lika inför döden
förr eller senare vi alla dör.

Även om jag har många andra frågor

jag tror, jag ska sluta här.
ursäkta mig! för att jag har störd
fortsätt sova i fred!"

2004-05-24

Sorgen

Liksom glädjen
vi vet inte när sorgen slår till.
när vi drabbas av sorgen.

Om vi inte är förberedda
kan den bryta ned oss i kroppen och själen
den kan röva bort hjärtat
och förvandla oss till intet.

Vi måsta hitta den goda vägen
hur vi kan återhämta oss från sorgen.

Sorgen är en del av livet
lika som glädjen.
det ska inte vara mörkt för evigt
det finns ju dagsljus vid gryningen.

Vi måste gå igenom sorgen
men vi behöver inte fastna i den.

2004-05-24

Missförstå!

Jag tänkte på något annat
och jag tänkte inte på det sättet
som du trodde jag har tänkt.

Tolka inte, besluta inte om mina avsikter
ställ gärna frågor
missförstå inte mina tankar!

2004-05-26

Jag bor bakom ett levande torg

Genom viadukten bakom det levande torget
vandrar jag hemifrån eller hemåt varje dag.

På det levande torget
kan man äta på restaurang
köpa bröd eller fika hos konditorn
och handla växter i blomsteraffären.

Man kan besöka dockteatern
eller biblioteket
eller delta i andakten i Mission kyrkan.

Man kan också handla kläder då och då
på knallemarknaden på torget
där kan också vara kulturell aktivitet.

Jag bor på Gråberget
      eller ovanför ett torg
      ett levande torg
      Chapmans torg.

2004-05-27

Ät så mycket äpple du vill!

Du kan äta banan
du kan äta päron
du kan äta vilken frukt du vill.

Jag vet att en gång i tiden
var det förbjudet
att äta kunskapens frukt
äpplet.

Jag tycker om frukt
vanligt äpple och kunskapsäpplet
om du gör som jag
ta ett steg
ät! så mycket äpple du vill!

2004-05-27

Sanning och lögn

Vad är sanning?
vad är lögn?

Sanningen, är det verkligheten
 eller vår bild av den?

Lögnen, är den fantasi
eller kan den vara tvingad fantasi?
eller för vriden och om vänd verklighet?
för att göra gott eller ont.

Lögn kan vara medveten eller påtvingad inbillning
att göra andras förlust till egen vinning.

Kan man skilja mellan sanning och lögn?
inte vet jag!
men kanske det finns ett frö av sanning i lögnen
och kanske det finns en liten lögn i sanningen.

2004-05-27

Trött!

Möte hit möte dit.
Träffar hit träffar dit.
Läsa, skriva.
Ringa, prata.
Åka, resa.
Tänka, tycka.
Dagen är full med allt detta.

Framåt kvällen blir man trött
man kommer hem, tar hand om den
                              sociala biten.
Man sätter sig framför teven
                    Avslappnad
man sover där, man är ju trött!

2004-05-29

Vandrare

Invandrare är utvandrare.
Utvandrare är invandrare.
Vi är alla vandrare.

Vi har ju vandrat på jordklotet
i urminnes tider
idag också
vi vandrar till jobbet
vi vandrar hemåt.
vi vandrar hit
vi vandrar dit.

Som det är, är vi alla är vandrare
i så fall istället för invandrare, utvandrare
kan vi inte kallas oss samvandrare?

Original 2004-06-13 (Göteborg).
Revidering 2004-06-14 (Halmstad).

Tron

I mitt gamla land
i Etiopien
när man pratar om religionen
är det sagt
att land äger man gemensamt
men tron är privat.

Detta betyder
du bestämmer själv
på vad du vill tro.

Bråka inte om religion medmänniskor
lugna er särskilt ni som är syskon
Judar, Kristina och Muslimer
ni är ju alla Abrahams släktingar
farfars döttrar och söner.

2004-06-14

Min farfar heter Abraham.

Fågelboet

Vi bor på Västkusten
men när växter börja vakna
från sin vintervila
när solen börjar lysa
och årstiden närmar sig våren
vi börjar längta efter vårt fågelbo.

Uppe i Dalarna kallar de fågelboet
härbret.

På sommaren
vi immigrerar dit
som tranor
till fågelboet
till härbret.

Fågelboet är gammalt
och fint.
och lagom för två fåglar
ibland kan det räcka för fler.

Man är glad, nöjd och tacksam för det
för det, för vad man har, för fågelboet
för härbret.

2004-06-25

Försök inte...

Försök inte finta mig
lille kille.
försök inte finta mig
lilla tös.

Liksom du har jag också varit
en gång
ung

Liksom du kanske jag också har
tjuvrökt.
Kanske har jag
tjuvsupit.

Kanske har jag lurat vuxna
Kanske har jag sagt
ett och annat osant.

Jag vill tro på dig lille killen.
Jag vill tro på dig lilla tösen.
Säg saken
som den är
berätta sanningen.

Jag vill tro på dig
på dina berättelser
på vad du säger.

2004-07-02

Var är Du?

Du syster min
Var är du egentligen?

Du som är klok
som har öppet hjärta
som har respekt för alla
utan att tänka på kön, ålder
eller något annat.

Du som är generös
som vill dela med dig av vad du har
till alla av oss.

Du syster min
Var är du egentligen?

Dig som man kan lita på
som är omtyckt
som är respekterad.

Dig som sjukdomen inte kunde
lätt bryta ner på decennier.
som inte klagar
även om du lider
som uppskattar och tackar
för att du lever.

Du syster min
Var är du egentligen?

Är det sant vad de har sagt?
att din kamp är slut?
att du till sist
har förlorat?

Ja, jag vet att det är sant
jag vet att du lämnar ett tomt rum
efter dig.

Men den klokhet, generositet
den glädje som du spridit
går inte ned med dig i graven
den blir kvar bland oss i den här världen.

Farväl min syster kära
på väg dit där ska du vara
men jag visste ju sedan länge
att du var jordnära.

2004-07-26

Vad är det?

Vad är det?
Varför stirrar du på mig?
Jo! kanske du vill hitta
något fack där jag ska passa in
kanske du tänker tyst om mig:

Ålder: "omkring Vikingatiden!"
Ras: "Djävla Neger eller svartskalle!"
Språk: "Sitt eget djungelspråk eller sönderbrutna
svenska!"
Arbete: "Socialbidragsfuskare!"
Status: "Asylsökande eller flykting!"
Allmän bedömning: "tjuvaktig, på grund av allt inte
pålitlig!"

Kanske du har tänkt
värre än det.
Kanske du har tänkt
något helt annat.
Till och med
kanske du tyckte om mig.
men ändå jag inbillade mig
att du hatade mig.

Du! egentligen behöver jag inte tolka
varför du stirrar.
Det kanske räcker att jag gör som du gör
att jag också stirrar tillbaka.

2004-07-26

Havet

Du ger oss mat
Du ger oss väg
Du ger oss gränser
Du ger oss mycket mer.

Jag beundrar dig hav
      för din styrka
för dina vågor som inte kan kontrolleras.

Jag beundrar dig för dina klippor
          för dina grottor
          för dina koraller.

Jag beundrar dig för dina växter
Jag beundrar dig för dina djur.
Jag beundrar dig för din färgrika värld.

Allra mest beundrar jag ditt
          djurliv
          dess storlek
          dess utseende
          dess färg

Jag beundrar djurens, växtens naturens relationer
                  deras kärlek
                  deras hat
                  deras våld
                  deras lurande
                  deras kamouflage, osv

Du som är full av hemlighet
jag beundrar dig verkligen havet!

2004-07-26

Upp till Dig!

Du har vågen och måtten
hur du vill se på människan.

Vill du behandla mig som en hund
för att jag har annan färg på min hud?
Vill du behandla mig respektlöst
för jag är en annan "ras"?

Vill du se ned på mig som en skam
för jag har en och annan sjukdom?

Vill du tänka att jag har inget hopp
på grund av mitt handikapp?

Vill du bedöma mig mindre värd
på grund av mitt kön?
på grund av min sexuella läggning

Vill du tro att jag inte får komma till himlen?
på grund av "fel tro eller religion?"

Det är upp till dig att värdera, tro och
tycka om mig vad du vill
det ändrar inte mig i alla fall.

2004-07-26

Ur Spår!

En gång i tiden,
efter jag har lärt mig
åka längdskidor
reste vi, min fru och jag med några vänner
till Norge, till fjällen bortom Lillehammer.

Jag tog på mig skidskor
jag stod på två ben på skidor.
sedan körde jag i en lång
men lagom brant backe.

Det var skönt
men snabbt.

I den självlärande skidskolan
har jag inte lärt mig bromsa.

När jag kom ikapp andra människor i spåren
började jag skrika "ur spår!"
               "ur spår!"
               "ur spår!"

2004-07-26

En augustieftermiddag

En augustieftermiddag
cyklande kom jag
till vår stads,
Göteborgs andningsorgan,
till Slottsskogen.

Jag satte mig på en bänk
mitt i parken.
halva delen av bänken är i solen
den andra halvan i skuggan.
på så sätt kan jag flytta
mellan olika delar.

Jag ser långt gräs
som har växt i utkanten
omkring dammen i parken.

Olika arter av fåglar
simmar eller flyger.

En del människor sitter
på ängen
i solen
andra sitter under träden
i skuggan.

I lekparken
ser jag glada lekande barn
de skriker och springer.

Utöver barnens sköna ljud,
gräset dansar och susar
jag hör också trädens grenars långsamma
rörelser.

Fåglar sjunger sina olika melodier
långt borta hör jag kyrkklockor
som ringer.

Jag hör också ljuden
från bilar utanför parken
på vägen, på Dag Hammarskjöldsleden.

Oh! jag känner sommarvärmen
jag känner på min hud
den svalkande luften.

Idag fylls jag av glädjen
över att Slottsskogen finns
i mitten av staden.

2004-08-13

Jag Seglar!

På det öppna havet
på det rena blåa vattnet
seglar jag med vinden
mot resmålet.

Jag seglar i lugn och ro
tills jag vänder åt andra hållet
till det motsatta resmålet.

Då får jag hjälp av motorn
som finns i beredskap
tills jag kommer åter med vinden
att segla i lugn och ro igen.

2004-09-16

Han orkar inte

Han stora mannen
han orkar inte lyssna
han vill bara berätta.

Vad han säger är "viktigt"
han "vet allt".
"brilliant och övermänsklig " är han
han är "källan för sanningen".

Han orkar inte lyssna
på den lilla människan
som pratar jämt strunt
om "kärlek, relationer, ömhet
föräldrar, syskon, släkt
mat, kläder, vardagslivet
och andra annat".

Men han själv får prata om allt
därför att han tror
allt blir genom honom "intressant
och sant".

Han stora manen
han "orkar inte lyssna"
på andras trams
istället vill han berätta
nyttiga saker för oss.

2004-09-17

Ge ett barn vad det behöver

Inget barn i världen behöver
skäll
smisk
eller någon form av förnedring.

Istället ge det
kärlek
trygghet
uppskattning
av det positiva mycket mer
det är vad barn mest behöver.

2004-09-26

En annan värld

Får jag önska mig en annan värld?
en värld
där alla har sitt dagliga bröd.
där alla har kläder och bostad
där alla har tillgång till sjukvård.

En värld där fred
och demokrati råder
där ömsesidig respekt existerar
där behövandes behov räknas
och där deras möjligheter kan förbättras.

Jag önskar mig en annan värld.

2004-09-26

En ovanlig bok

En bok som man kan inte låna
Eller som man kan inte köpa.

Skrivandet av boken började
För över fyra decennier sedan
men är ändå inte färdigskriven.

Huvudförfattarna var
mina föräldrar och omgivningen
tills jag tog kommandot.

Även efter jag tog över
är det inte bara jag som skriver.
en del med min goda vilja
en del andra med egen makt
har skrivit
ett och annat kapital
eller en och annan del.

Jag är den enda med upphovsrätten
att bläddra genom boken.

Jag kan bestämma vad
jag ska skriva i den
i framtiden.

Men finns en del som får
vara med författare
och andra som lägger sig i
som objudna skrivare.

Ja, mitt liv är den
ovanliga boken
som jag bläddrar i bakåt
som jag hoppas skjutsa framåt.

2004-09-29

Oro i affären

Byte av varor
köpa och sälja
har varit igång
i tusentals år.

Tillgång i ett område
brist någon annastans
var grunden för handel
som styrdes.

Men dagens affär
styr och ställer
för att skapa behov
som vi kan leva utan.

Den fokuserar mest
på egen vinst
tänker minst
på konsument.

En del "affärsverksamhet"
är rena rävspelet.
konsumentens ovetande
glömska eller förtroende
slarv eller misstag
ska missbrukas
för affärstransaktion
för kundens irritation.

Jag önskar
att inte behöva vara misstänksam
jag vill köpa och sälja i god tro
utan bekymmer och oro.

2004-11-23

Tsunami

En söndag
på annandag juls förmiddag
kom en man till mitt jobb
och han frågade genast
om vi har hört vad som hänt
i Sydostasien.
Kollegan och jag sa neej!
Vadå?
han gick utan att säga mer.

Sedan den kvällen
och de närmaste veckorna
vi fick följa de fruktansvärda händelserna.

Om jordbävningen som orsakade flodvågen
som svepte med sig människor
och stora och små föremål.
fasansfullt stor förödelse
en gigantisk naturkatastrof har inträffat
många länder har drabbats
platser som Kao lak, Phi phi öar och Phuket
har på grund av katastrofen
blivit bekanta.

Tsunamin svepte bort Asiater
den svepte bort Europeer
och människor från andra världsdelar.

Tsunamin valde varken ras, kön eller ålder.
den tog bort kära barn
älskade hustrur, sambor och män.

Tsunamin lämnade efter sig stor sorg
och öppna sår
många förlorade mot vågen
tappade sina nära och kära.

Många kämpade för sitt liv
jätte kamp för att överleva
och hjälpa.
många letade förgäves
att hitta dem som saknades.

Flodvågen har visat
människors mod att kämpa
för att överleva.
envishet att hitta de sina.
också generositet och stor vilja
att stå upp för varandra.

Tsunamin lämnade ett sår
och en sorg efter sig.
som under lång tid behöver bearbetas
sår som tar tid att läkas.

2005-01-08

Del 2

Blandat

2010

Nedtrampad!

Jag kände mig som en liten fluga
nedtrampad av en elefantfot
väldigt tungt.
Även om jag kände mig
väldigt hårt nedtrampad
vägrade jag att dö.

Sedan vaknade jag upp med viljan
att förstå upplevelsen
ej förankrad i verkligheten.

Jag är osäker på
om elefanten är en elefant.
Dessutom kanske elefanten
som trampar på andra utan orsak
inte är elak
som jag trodde.

Det är jag
som behöver bearbeta
mina känslor
som jag ibland feltolkar.

2008-05-08

Peddan till Paddan!

Jag står vid doktorandrummets fönster
och tittar ut mot älven,
på den underbara vårdagen
kastar jag blicken från Peddan till Paddan.

För en kort stund tänker jag
Vilka sitter i Paddan?
Från vilket land kommer de?
I vilka åldrar är de?
Vilka yrken har de? osv.

Vad visste de om staden innan de kom hit?
Vad fick de veta som är nytt?
Vad tycker de om vår stad?

Jag hoppas de är nöjda
och glada
att befinna sig
i vår fina vår- och sommarstad.

2008-05-08

Azaleadalen

En fin eftermiddag
i slutet av maj
cyklade jag på väg hem
från pedagogen
genom Slottsskogen
och tog en paus
vid Azaleadalen.

Jag satt på en bänk
och tittade ned över
den blommande dalen.

Jag hade ingen kamera
ingen bandspelare heller
Men
jag lagrade i huvudet minnen
för att fånga omgivningen
bilder av blommande azaleor
i olika färger.
Ljud av sjungande
koltrastar
och andra fåglar.
Vårdoften
och värmen i luften.

Kanske, kanske
behöver jag plocka fram
de här minnena
för att lysa upp

en hektisk och mörk
novemberdag eller -natt.

2008-05-22

På väg till en konferens!

Jag befinner mig just nu
många tusen meter upp i luften
på väg till en konferens i Aten.

Jag tänker på hur det var
hemma i Göteborg
inför dagarna
på konferensen,
lite också på
medpassagerarna på flygplanet.

Just nu när jag flyger
ovanför molnen,
när jag befinner mig
mellan himmel och jord
tänker jag ändå bara på jord.

2008-05-23

"Vad gör du i Pedagogen?"

"Var är du nuförtiden?"
frågade en vän.
Jag svarade jag är på pedagogen.
"Vad gör du på pedagogen?"
frågade vännen igen.

Svår fråga, vad gör jag där?
Oh! Vilken svår fråga.

Jo! på pedagogen
söker vi sanningen
dag och natt.
Ibland förmedlar till andra
vad vi tror är sanningen,
sanningen med tvivel!

Därför att det saknas
en allmängiltig sanning.
Det är därför
vi är i en evig undersökning.

"Vilka är ni?" frågade hon.
För det mesta är vi post sa jag.
"Vad då för post?"

Jo! någon är post modern
någon annan poststrukturalist
några är post kolonialist
en och annan post marxist
post, post, post allt möjligt.

Min vän du måste veta att
"-ism" är också lika viktigt
som post
t.ex. strukturalism, modernism, osv.

Vi ska inte glömma "-logi" heller
utbildningspsykologi
utbildningssociologi
fenomenologi
ontologi och epistemologi
och mer och mer logi.

"Är ni överens om vad ni gör?"
frågade vännen igen.
Ibland ja! Ibland nej!

Vi säger vi har olika syften
för enskilda arbeten.
Vi har olika perspektiv
som ibland kan vara så snäva.
En säger att innehållet är viktigt
en annan kommunikationen.
Vi använder
olika metoder
i våra försök
att söka sanningen
ibland kvalitativ
ibland kvantitativ
ibland kombination.
Olika teorier att förstå världen
används i pedagogiken.

I kunskapssökandet
drar vi alla åt samma håll
konflikten och olikheten
är inte personlig
det är hoppas jag vetenskapligt!
Vi kämpar i "sanningens"
och vetenskapens tjänst!

Jag hoppas min vän
dina frågor för tillfället är slut.
Om du kommer med flera
kanske jag just nu inte vet svaret.
Annars ta det med någon annan
t.ex. med professorn.

2008-05-23

Hej doktoranden!

Hej doktoranden! Hej! Hej!
Får jag komma med en fråga?
Kanske tycker du inte om
att någon ställer en fråga till dig?
Snarare vill du kanske
själv ställa frågor till någon?
Ändå frågar jag dig!

Hur ofta känner du ensamhet
för det ämne du sysslar med?
Känner du då och då att
det du sysslar med
kanske är meningslöst?
Känns det ibland tomt
torrt eller förvirrat?

Jag vill fråga dig
Om du
ibland har svårt att få tankarna
på papperet.
Om du har läst mycket.
Om du har svårt
att skilja vetet
från agnarna.
Om du går runt,
in och ut
som en värpande höna
blir det rastlöst.

Du mal och mal och mal
tankarna i hjärnan
men ingenting som du har tänkt
kan sättas på papperet.
Doktoranden, har du längtat
att lägga ägget.
Inte ett vanligt ägg
men ett guldägg.

Doktoranden!

När du sitter
i din skrivkammare
när du inte orkar göra mer
inte läsa
inte skriva
inte tänka
kan en
gruppdiskussion
en uppskattade föreläsning
ett uppmärksammande av ditt arbete
uppväcka dig till den
aktiva doktorand som du vill vara
Kanske? Vad vet jag?

Men, men glöm inte doktoranden
att du är doktorand på resan.
Första målet är resan själv
det andra är slutet
det tredje är början efter slutet.
eller hur?

Trevlig resa doktoranden
vi ses vid målet
Snart!

2008-07-03

Kollegienomad eller flitigt bi?

Varför springer jag till vartenda kollegium?
Är jag en rastlös själ
som inte kan vänta en stund
som inte vill missa något gott
helt enkelt en kollegienomad.

Eller

Är jag ett flitigt bi
som flyger från blomma
till blomma?
för att samla nektar från oändliga mängder blommor
och göra honung som smakar?
som är till allas nytta?

2008-05-23

"Smörgåsvakt"

Jag är för sen för det
tredelade halvdagsseminariet
jag tror del ett är slut.
Det är fikadags
I handen har alla kaffe och smörgås.
Många bekanta och obekanta
står i korridoren
och pratar i mun på varandra.
Jag tar en kopp kaffe och en smörgås.
Just då kommer en person fram
och frågar "Är du med på seminariet?"
"Jag ska vara med!" säger jag.
"Detta är för dem som har varit med!"
Jag frågar, "Ska jag lämna det jag tog?"
"Det finns mycket av allt så du kan ändå ta den!"
Säger, "smörgåsvakten".

Jag undrar vad frågan handlar om.
Kanske ska den ge mig dåligt samvete.

Nej, det fick jag inte
Kaffet smakade som vanligt kaffe
smörgåsen som en vanlig smörgås.
Seminariet var som ett vanligt seminarium.
"Smörgåsvakten"
och jag
såg inte varandra igen.

2008-04-16

"Vi gör det i morgon!"

Jag är trött på att höra
"vi gör det imorgon!"
Jag vill börja idag, nu!
Kanske vi kan göra färdigt
i morgon, i övermorgon, framåt.
Jag vill börja idag,
men jag kan göra färdigt
en annan dag.

2008-04-16

"One of the locals"

Vi är många och vi är vi
De är gästerna
de kom, vi är hemma.
Vi visade vägar, spårvagnar
toaletter, café, rum och datorer.
Vi var hemma och vi var ju experter.
Våra gäster är ju som oss
forskare, pedagoger, didaktiker
kunskapens vänner.

Men vi är kanske något mer
när någon frågar
"Who is this?"
vi svarade "one of the locals!"

2009-09-12

Är det viktigt?

Min vän sms:ar
och frågar.
Han frågar om något.
Jag svarar på något helt annat.
" Är det viktigt?" frågar han.
Ja! säger jag.
När vi träffas
har vi båda förstått
att det rått ett missförstånd.
Vad det gällt var viktigt
men inte "livsviktigt!".

2008-09-26

När duger man?

När bedömningsmaskinen är igång
är man för gammal eller för ung.
Man är för dum
eller för intelligent.
Till sist bedöms man
som icke önskvärd,
som under eller
överkvalificerad
och får lämna fältet
för den som är önskvärd.

2008-11-20

Längtan och väntan!

Jo, den som längtar
väntar.
Den som väntar
också längtar
Om det är något
hon längtar efter,
hon väntar.

2009-02-11

Del 3

GNÄLL – och lite annat

2016

Hen är "den ende"

Min vän tror att
Hen är "den ende"
    Som kan konsten
    Som har språket
    Som är demokrat
    Och väldigt generös.
Hen är "den ende"
    Som är smart
    Som kan flytta oss
    Som en schackpjäs
    Hit och dit.
Hen tänker
Hen är "den ende"
    Som vet vad vi tänker
    Vad vi planerar
Hen profiterar
Hen är "den ende"
    Som vet exakt
    Vad som händer
    Och vad som ska hända
    I världen (t.ex. om 500 år)
    Som vet när det blir Domedagen.
Säkert hen tror
Hen är "den ende"
    Som ska till paradiset
    Medan vi andra ska ruttna i helvetet.

Min lille vän
  Vill vara störst av alla
  Den kunnigaste av oss alla.

2012-04-01

Makten

Makten! Den finns i lagom mängd
hos mig, hos dig,
hos oss alla.
Den kan göra gott
den kan göra ont.
När den är i "goda händer"
kan den bidra till att skapa fred och välstånd.
När den hamnar i "fel händer" kan den kränka
genom att
Fängsla
Tortera
Döda.
På ett fel sätt
bestämma över den enskilde.
Du och jag
Vi tillsammans
kan lägga ihop vår lilla makt
för att främja den "goda"
för att stoppa den "onda".

2012-04-05.

Jag gav mig iväg!

En vanlig fredag eftermiddag
satt jag på mitt rum på Göteborgs universitet
Då ringde mig Dr. Groth
och ställde frågan:
"Du har väl sökte arbetet
som vi utannonserat?
Stämmer det?
Kan du komma till oss
för intervju nästa vecka?"
Jag sa, "jag vill tacka."
Inom några dagar
satt jag på Karlstads universitet
framför en dam och herr´
som ställde fråga efter fråga.
När frågorna var slut
har de sagt
denna junidagen:
"Du är välkommen
att börja hos oss till hösten."
Jag tackade och sa adjö,
åkte till min ledighet för sommaren.
Den dagen började jag en resa,
en mental och fysisk förflyttning
från Gustavs stad till Karls stad
från Blåsutgatan
till John Ericssons gatan
sedan till Basungatan och Signalhornsgatan.
Från det älskade Majorna
till ny stad
Karlstad.

"Trivs du i Karlstad?"
frågar kollegorna
"Jag vet inte men jag trivs på jobbet bland kamraterna"
brukar jag svara.
Nu för tiden när någon frågar
"Hur trivs du i Karlstad?"
började jag svara "Bra!"
Kanske kommer jag någon gång att svara
"Mycket bra!"
Kanske finns det inom ens inre
utrymme för att älska två städer.

2013-04-06

Spel för galleriet!

Jag fick vara med
Jag fick tycka till
"Spel för galleriet"
heter det?
Det finns skillnad
mellan de
som fick vara med,
måste vara med
och de som ska bestämma.
Saken är redan bestämd
men det ska rapporteras
att majoriteten eller
alla är med på beslutet.
Rena vansinnet
Spel för galleriet.

2013-04-05

Du och jag/ vi och de

Du och jag, vi och de
det gamla vanliga spelet.
För att vara med behövs
du och de
För att isolera någon behövs
du och de.
I den här gemenskapen
ska vi visa dem vad vi kan,
vi ska stoppa dem från att komma hit,
helst ska vi sitta i skyttegrav
och skjuta de som närmar sig gränsen.
De som vill dela vår frukt
de som konkurrerar
de som ska smutsa vår gård
vårt land, vår levnadsstandard...

2013-04-25.

Det goda livet!

Det goda livet är
för några känslomässigt
    psykologiskt
    andligt
För andra är det konkret
    och kroppsligt.
Det finns några som tycker
    att de haft det
    har det nu (Carpe diem)
    väntar på det.
Det finns också de som
kontinuerligt upplever att de
    haft det har det
    och tror de ska fortsätta ha det.

2013-06-20

Missbruk

Några missbrukar alkohol
  några droger
  några sex
  eller något annat.
Bland dessa finns också
de som missbrukar makt.
De som missbrukar annat
än makt
kan rehabiliteras på olika sätt.
Men missbrukarna
av makt
går ofta
utan att bli avslöjade
uppmärksammade.
Utan att behöva terapi
eller blir rehabiliterade
för maktmissbruket.

2014-03-27

Förtryck

Förtryck är bränsle för kamp,
den förtryckte kan stå upp,
kan trycka tillbaka förtryckaren
men ingen vet slutet på kampen.
Kanske förtryckaren får rätt
eller förlorar helt och hållet.
Det är också möjligt
att båda förlorar taget
och någon annan
skördar kampens frukt.
Men det är värt
att resa sig mot förtrycket!

2014-03-27

Min själ

Min själ
den enda motorn jag har.
Jag vill behålla den
jag vill inte sälja den
varken för pengar
makt eller något annat.
Jag vill behålla den.

2014-03-27

Mångfalden

Biologiskt kan vi vara olika
Vi kan kallas för kvinna och man.
Vi har olika hudfärg
Vi pratar olika språk
Vi äter olika sorts mat
Vi ber till olika Gudar
men
Jag önskar, hoppas och tror
Vi som människor
får samma rättigheter
på denna planeten.
Låt den leva, Mångfalden
och låt oss kämpa tillsammans
för alla människors lika värde!

2014-03-27

"Lillebror och Lillasyster" ser dig

Det är inte bara "Storebror" som ser
även "Lillebror och Lillasyster" ser.
"Lillebror och Lillasyster"
har ögonen på dina hemligheter.
Konspirationerna och hemligheterna
avslöjas
kommer ut i dagsljus.
"Watch out big brother"
världen är inte som förr
"Lillebror och Lillasyster" också ser.

2014-03-27

Mellanlandning

På våran färd
    Till vår sommar Mecka
När vi kör
    Uppåt
    Norrut
Vi mellanlandar i Värmland
I Karlstad.
Min hemstad Göteborg
Mitt arbetes stad
Karlstad
Mitt sommarhärbre
i Siljansbygden i Hjortnäs
sammankopplas.
Syd till Nord
Nord till Syd
mitt emellan finns Karlstad.

2014-03-27

Uttrycket

Här används inte bara ordet
lika viktigt är kroppsspråket.
Att vända till
att vända bort.
Blickar
som är glada
nyfikna
eller
trötta.
Ansiktsuttrycket
säger mycket.
"Jag blir glad
jag är besviken och arg".
"Vad menar hen egentligen?"
"För helvete kan hen inte sluta tjata!"
"Vad vill hen nu då?"
"Vad naiv hen är som sitter där borta!"
"Vad hen säger hänger i luften
ingen få veta vitsen och slutsatsen"
"För många frågor
för långa inlägg"
"Jag bryr mig inte om den iden"
"lämna ordet till någon annan"
Uttrycket! Ja! Kroppsuttrycket!
säger mycket mer än ordet.

2014-10-08

De valda och de andra

Det finns de som är valda
De som är födda med silversked
            Till och med -med guldsked i munnen.
En del har förmånen
att ha någon viktig person i släkten.
Någon är någons underhuggare
och belönas för det.
Det finns de som är valda
som ska få allt
Det finns de "andra" som ska isoleras/ lämnas ut.

2015-06-11

Motståndet!

De mäktigas förtryck
maktfullkomlighet
kulturella dominans
ekonomiska exploatering
kränkning av människovärdet
behöver bekämpas
Leve motståndet!

2015-06-11

Grädden

"Vi" behöver allt bäst
pengar
makten
rätten till uttalandet.
Det är "Vi" som ska ha det bästa
Grädden och Moset.

2015-06-11

Jag är inte född med...

Jag är inte född med silversked i munnen
har inte heller "Gudfar"
eller "Gudmor".
Jag har kanske inte
"rätt" etnicitet
eller hudfärg
eller modersmål
eller för den delen
den "rätta" födelseorten.
Jag är inte född
med något särskilt
som ge mig "rätt"
jag vinner mitt dagliga bröd
med min rena arbetskraft
min egen "svett".

2016-02-01

Gilla Mig!

Narcissismen är på hugget
både individuellt
och socialt.
Att blåsa upp sig
att hitta något
"särskilt" och "konstigt"
som gör dig speciell
som belönar dig
med massor av "gillar".
Akademin, företagen,
bolagen, kyrkan, osv
är ute för att konkurrera med varandra
på "Gilla Oss"--marknaden.
Jag är ju också en i mängden
som inte kan vara helt utan
den trenden.
Ni kan gilla Mig förresten.

2016-02-01

Begrav mig på nätet!

Jag är ju en medsurfare i
inte på havet
men på nätet.
Jag följer många
många följer mig
jag gillar många
och avvisar några.
Jag lever på nätet
dag och natt
släkt och vänner
umgås med mig där.
Så jag lever på nätet
                    för nätet.
När jag dör
ska jag bli begravd "live"
 inför hela nät
            och vänner.
För att tillåta dem säga adjö
till den gode nätvännen
för att de nu ska veta
att han har uppdaterat statusen
att han inte är med i framtiden.

2016-02-01

Excellent eller stark

"Är du excellent eller stark?
Eller tillhör du
en excellent eller stark grupp?"
Om du är en sådan,
då får du allt
för att bli ännu starkare och ännu mera excellent.
Är du bedömd att du är
varken excellent eller stark
skyll dig själv
och du kan dra åt helvete.
I marknadslogiken
är den starke och excellente
vinnaren
De andra
ska försvinna.
Tills de tystas helt
ska de klappas på huvudet,
få förklaringen
"Lille vän
vi har en handlingsplan
vi ska rättvist fördela resursen".
Tack för förklaringen
Jag har förstått vad ni säger
och vad ni gör
kära excellentas och starkas goda vän.

2016-02-05

En akademisk träl

I det akademiska feodala systemet
har alltid funnits hierarkin.
Professorn som generalen
Docenten som översten
Lektorn som underofficeren
Adjunkten som fotsoldaten.
Där finns de valda
de som sysslar med
"högstatusgöra"
att forska
att publicera
att presentera
helt enkelt producera
istället för att reproducera.
Den som är given
position som träl i akademin
hen ska bara
undervisa
rätta tentamen
boka lokaler.
Dessutom hen ska
vara glad
och nöjd
för rollen
som träl i akademin.
Hen måsta också vara glad
för att det ju finns ett hopp
att någon gång "

alla ska forska
och alla ska undervisa".

2016-02-05